EXPOSÉ

De la conduite du Citoyen LAVERGUE, pendant son commandement à Longwi; et

RÉPONSE

Aux inculpations qui lui ont été faites dans une Relation publiée au nom des Habitans de cette Ville.

DEPUIS près de quatre mois je gémis dans les prisons, et je ne trouve au plus profond de ma conscience aucun reproche à me faire. Libre par instinct, patriote par devoir, fier d'être né dans la classe plébéïenne, loin des préjugés du fanatisme et de l'orgueil patricien, j'ai embrassé avec joie le parti de la raison et la cause du peuple contre celle des tyrans. J'ai abandonné ma famille, mes possessions, pour voler au secours de ma patrie que

A

le despotisme menaçoit. J'étois retiré du service, plein d'honneur. Je me sentois encore des forces. L'espoir de la liberté les
doubloit. Le corps où j'avois servi étoit sans chefs; ils avoient
fui cette terre sacrée : rien ne m'arrête ; j'obtiens l'honneur de
le commander. Je cours au péril; mon zèle me procure quelques
succès. Une intrigue me place à Longwi, et je suis maintenant
sous le glaive de l'opinion publique..... et de lâches détracteurs
cherchent à l'appesantir sur ma tête, pour effacer, s'il se peut,
leur honte et leur foiblesse.

Dès le 30 septembre j'ai fait connoître mon innocence par
une adresse aux François. J'y ai peint la vérité toute nue; mais
une main invisible l'a, sans doute, couverte d'un voile funèbre,
pour la dérober aux regards de mes juges.

Citoyens François! sous le règne de la liberté, la captivité est
un supplice affreux; sous le règne de la loi, leur silence est un
crime. Je demande justice et ma liberté. Vous devez m'écouter
sans passion, et me juger sans foiblesse.

On vient de répandre un mémoire pour servir de justification
aux corps administratifs et aux habitans de Longwi. On n'a trouvé
d'autre moyen pour les disculper, que de nier leurs propres faits,
que de défigurer mes actions, que de me charger, s'il se peut,
des fautes des autres : enfin, on aime mieux, pour me faire trouver coupable, les déclarer imbéciles.

Si les habitans de Longwi ont approuvé ce plan de défense,
ils auroient donc oublié la terreur dont ils furent frappés aux
approches de l'ennemi! Ils auroient donc oublié les démarches et
les instances réitérées qu'ils firent auprès de moi pour demander
une honteuse capitulation! Auroient-ils donc enfin oublié que,
fatigué de tant de cris, je menaçai de mort le premier qui oseroit
proposer une capitulation (1) ? Mais non; par une contradiction
bizarre, on trouve, à chaque page de cet écrit, l'aveu de leur foi-

____

(1) Voir la protestation des officiers municipaux & administrateurs de district,
page 56 du mémoire pour les habitans.

blesse, En vain ils font tous leurs efforts pour me couvrir de leur propre honte, ils ne persuaderont jamais que Lavergue fut un lâche, et moins encore un traître.

Je vais rappeller les faits de cette fameuse époque. On les a trop défigurés à la barre de la Convention ; il se trouvera assez de témoins de tout ce que j'aurai dit. Ceux qui ont servi sous mes ordres, s'ils sont vraiment libres, s'empresseront de me justifier.

F A I T S.

Le 13 août dernier, je reçois l'ordre du maréchal Luckner de me rendre à Longwi, en qualité de commandant amovible de cette place. Je n'étois que lieutenant-colonel ; une telle faveur me surprit. Je fis beaucoup de résistance. J'en aurois fait davantage si j'eusse connu l'intrigue qui se pratiquoit alors. J'acceptai cependant, et je me rendis le 14 à mon nouveau poste. Je me présentai de suite à la municipalité pour m'y faire reconnoître. Le citoyen Voyard me conduisit le même jour chez tous les administrateurs, et je fus aussi voir le général Berruyer.

Ce général, dont on connoît les lumières et les vertus militaires, ne me cacha pas que mon arrivée lui faisoit plaisir ; il me dit *que la place ne valoit rien* ; il m'en montra toutes les défectuosités, et après cet examen il m'affirma qu'il *partoit, parce qu'il ne vouloit pas se déshonorer, et compromettre quarante-deux ans de service, quatorze campagnes et onze blessures* (1).

L'expérience de ce général me fit trembler pour le succès de ma mission ; cependant je pensai qu'avec des secours et du courage, je pourrois du moins arrêter quelque tems la marche de l'ennemi. J'engageai, en conséquence, Berruyer de parler au maréchal de l'état de cette place. J'écrivis même à Luckner, et lui demandai mon bataillon. Le général Berruyer avoit déjà

______

(1) Page du Mémoire pour les habitans.

demandé douze cens hommes : il partit, et je ne reçus aucune réponse, aucuns secours.

Je vis bien que j'étois une victime choisie pour favoriser un parti que j'abhorre. J'aurois abandonné, à mon tour, cette place délabrée, si, dès la même nuit de mon arrivée, mes postes avancés n'eussent été attaqués (1).

Le péril étoit imminent. L'attaque, sans doute, étoit combinée avec mon arrivée. Je ne pouvois reculer. L'honneur me disoit de rester là, puisque ma patrie étoit menacée, puisque sa défense m'étoit confiée. Les ennemis s'étoient ménagés des intelligences dans la ville : je n'ai eu que trop l'occasion de m'en appercevoir depuis.

Déterminé à m'ensévelir sous les ruines de Longwi, je fais à l'instant tous les préparatifs nécessaires à ma défense : je donne des ordres très-précis aux officiers qui étoient sous mon commandement. (2).

J'ignorois où étoient placés les postes avancés. J'y envoie quarante hommes de renfort. J'y fus moi-même au point du jour : j'en réglai la défense. J'ordonnai de créneler l'hermitage, et de former une redoute au-dessus, pour servir de point de ralliement en cas d'attaque : les postes étoient trop éloignés pour être soutenus autrement. Je renforçai la redoute de Romain, et j'y fis camper une compagnie en seconde ligne. Je fis occuper par deux compagnies la demi-lune et le chemin couvert à droite de la porte de France. Je fis élever le parapet de la redoute de France. Je détachai bien en avant de petits postes. Je fis presser le serrurier pour ferrer les portes des Poternes, qui n'y étoient pas encore placées. Je fis achever le chemin couvert. Comme

---

(1) Les habitans, dans la relation qu'ils ont publiée, reculent cette attaque au 19. Il est de fait notoire que mes postes furent attaqués dans la nuit du 14 au 15.

(2) Mes ordres ont toujours été donnés par écrit, ils doivent exister; on peut se les faire représenter. On verra si j'ai passé huit jours, ainsi que le prétendent les habitans, dans une inertie coupable.

l'intérieur de la redoute du vieux château étoit trop éloigné, j'y plaçai des postes intermédiaires.

On n'avoit établi aucune police, aucun service intérieur ; je réglai à chacun ce qu'il auroit à faire. Je donnai des ordres sévères qui forcèrent les officiers au service ; et dès cet instant ils campèrent avec les troupes qu'ils commandoient. Les soldats avoient des armes en mauvais état ; je les fis changer. L'artillerie n'avoit pas un seul boulet de porté ; j'en approvisionnai les batteries. Je chargeai le brave commandant de la Côte-d'Or de donner des ordres à un de ses sergens qui sortoit des canonniers, et qui étoit fort instruit, de visiter les batteries. Sur son rapport, j'ordonnai au commandant de l'arsenal tous les remplacemens qu'il indiquoit. Je fis monter deux pièces de canon sur la demi-lune de la porte de France.

Après avoir ainsi disposé tous mes foibles moyens de défense, je songeai à m'en procurer d'autres. C'étoit le troisième jour de mon arrivée, et j'étois déjà entouré par l'ennemi, lorsque neuf compagnies de grenadiers des gardes nationaux du district, vinrent à Longwi pour y passer la revue(1). Ils ignoroient la situation de la ville. Je les invite à se joindre à la garnison pour la défense commune ; je leur fais les offres les plus séduisantes : j'engageai les officiers municipaux à seconder mes efforts ; je ne pus rien obtenir. Je crus devoir les haranguer au nom de la patrie, au nom de l'honneur françois ; mon zèle ne pût réchauffer leur courage ; il les irrita même contre moi : ils voulurent me pendre. Ils menacèrent d'incendier la ville et de forcer la garde des portes, si on ne les laissoit pas sortir (2). Ma fermeté cependant leur en imposa. J'en saisis moi-même trois des plus mutins, que je fis renfermer sur-le-champ ; et n'ayant pu obtenir de cette

(1) Voir la page 7 du Mémoire pour les habitans.
(2) Idem.

troupe indisciplinée qu'elle fût incorporée, je fus obligé de la laisser partir, pour éviter un désordre complet.

Je comptois trouver quelques ressources dans une superbe compagnie de canonniers, citoyens de la ville; mais ils disparurent presque tous au moment de l'attaque. Il ne me resta pas un canonnier par deux pièces. Je dois cependant à la vérité, de dire que ceux qui firent le service, se montrèrent avec une grande valeur. On a voulu leur faire blâmer ma conduite; moi, j'aime à leur rendre justice; ils diroient encore plus de mal de moi que je dirai tout le bien que je sais d'eux.

Le commandant de la légion avoit promis, quelques jours avant, une force de sept mille hommes; mais je ne vis paroître ni le commandant ni les hommes.

J'ai raconté les dispositions que j'avois faites pour soutenir l'attaque que les ennemis préparoient avec une armée de cent mille hommes; on va voir quels étoient mes moyens de résistance, et sur-tout le nombre d'hommes que j'avois à leur opposer.

1°. Le premier bataillon du trente-quatrième régiment d'infanterie, ci-devant Angoulême, fort indiscipliné, de l'aveu des chefs mêmes et des officiers municipaux (1).

2°. Trois bataillons de volontaires nationaux, dont un de la Côte-d'Or, *presque tous ne sachant pas faire le coup de fusil* (2).

3°. Quarante-quatre cuirassiers.

4°. Enfin, une trentaine de canonniers instruits et fort braves; ce qui faisoit en tout deux mille hommes environ.

Lorsque le pouvoir exécutif, de ce tems, commença à s'appercevoir que Longwi devoit être mis en état de résistance, il ordonna foiblement des travaux, qui furent mal exécutés. Des

---

(1) Page 15 du Mémoire pour les habitans.
(2) Page 8 du même Mémoire.

ingénieurs émigrèrent , d'autres firent faire des ouvrages inutiles, et laissèrent ceux qu'il auroit fallu réparer. Enfin, à l'époque de la déclaration de guerre , *les ouvrages avancés étoient totalement démantelés , les contrescarpes écroulées de toutes parts, les poternes et les communications obstruées et encombrés* (1).

Cependant , les contrescarpes furent réparées ; mais ces ouvrages faits *en pierre sèche ,* s'*écroulèrent avant d'être achevées* (2). C'est dans cet état que l'adjudant général de l'état-major de l'armée du centre , Darbelay, fut envoyé par Lafayette pour commander à Longwi. Il y resta peu, et en partant il dit aux corps administratifs que , *toute ville attaquée étoit ville prise , que la place de Longwi ne pouvoit pas tenir et qu'il seroit bien fou d'y rester* (3).

Luckner vint à Longwi. Les habitans , inquiets de leur position, lui firent quelques observations sur l'état de la place. Il se borna à leur recommander beaucoup *d'union et de patience*; cependant il dit au maire , *que la place ne valoit rien , et qu'elle seroit bientôt prise* (4).

Cette place occupoit si peu, qu'elle resta , après le départ de Luckner , l'espace de huit jours sans commandant ; les corps administratifs prévinrent ce maréchal qu'il y avoit des camps ennemis postés à peu de distance. Ce fut alors qu'arriva le général Berruyer. J'ai dit le motif qui l'avoit engagé à abandonner ce commandement. Ceux qui connoissent sa bravoure , ses lumières et son patriotisme , penseront facilement, qu'il n'a pas abandonné sans cause, un poste où il y eut eu quelque gloire à acquérir , quelques services à rendre à la patrie.

Quelque peu convenable qu'il soit de parler d'une manière défavorable d'un homme qui n'existe plus, je ne peux m'empêcher de rendre compte de la conduite du Colonel du trente-quatrième régiment d'infanterie, ci-devant Angoulême.

---

(1) Page 2 du Mémoire pour les habitans.
(2) Idem , pages 3 et 35.
(3) Idem, page 5.
(4) Idem , page 6.

Cet homme, qui n'avoit pas voulu se charger du commandement, parce qu'il trouvoit la place hors d'état de défense, et la
garnison trop foible, eut l'audace de partir en poste pour solliciter le rappel de sa troupe. Il parut humilié de servir sous les
ordres de son inférieur en grade, (on sait que je ne suis que
lieutenant-colonel) quoique supérieur alors par le poste momen-
tané qui m'étoit confié. Il n'obtint pas ce qu'il demandoit. J'avois
appris le but de son départ, et cependant il n'est point d'instances
que je ne lui fis à son retour pour une commune intelligence,
pour me seconder dans mes efforts. Je ne lui demandois pas
d'obéir à mes ordres ; je lui demandois de partager mes périls. Il
m'a trompé sans cesse, et sa perfidie est une des causes des malheurs de la ville de Longwi qu'il avoit promis de livrer sans
tirer un coup de canon (1). Il s'est, dit-on, noyé, il ne pouvoit mourir au feu.

J'ai dit que la même nuit de mon arrivée, mes postes avancés
avoient été repoussés. Après avoir pris toutes les mesures dont
je viens de rendre compte, j'ordonnai une sortie pour reprendre
mes postes, je réussis complettement. Il y eût beaucoup d'ennemis de tués, et je fis trente prisonniers (2).

C'est alors que j'appris les forces de l'ennemi auquel j'avois à
résister. J'avois déjà demandé des secours à Luckner et à la Fayette,
sans avoir obtenu de réponses. Je dépêchai des courriers au maréchal qui me répondit le 19, de *me conduire comme si j'étois bloqué*,
de n'ouvrir de portes que dans les cas absolument indispensables ; qu'il
ne me perdroit pas de vue, et , par un POST-SCRIPTUM , *que les*
troupes qui sont devant Longwi, sont vraisemblablement les mêmes
que celles qui ont attaqué Fontoy le matin, et qui cherchent sans doute
à lui faire prendre le change (3).

Les ruses de guerre du maréchal, ou plutôt sa pénétration dans

---

(1) Voyez la fin de la page 21 du Mémoire pour les hsbitans.
(2) Idem , page 8.
(3) Cette lettre fait partie des pièces du procès. Elle est cotée 14 et 15.

le moment critique où je me trouvois, n'étoit pas heureuse pour mes succès et pour l'intérêt de la patrie ; il s'étoit prudemment retiré avec ses troupes à Frescati, sans songer que la malheureuse ville de Longwi étoit menacée, et sans lui laisser les secours d'usage en pareil cas. Lafayette avoit déserté (1).

Je crus néanmoins devoir faire une seconde sortie pour protéger la coupe des haies qui pouvoient servir de rempart à l'ennemi. Jusques-là les corps administratifs s'étoient refusés à cette mesure indispensable. On peut consulter, à cet égard, les chefs du quatrième bataillon des Ardennes. Enfin je le fis de vive force.

Les braves gens que j'avois choisi pour cette expédition, repoussèrent tout ce qui se présenta, et sans trois colonnes de cavalerie qui voulurent les couper, ils auroient obtenu de plus grands avantages. L'ennemi fit de grandes pertes (2). On remarquera que les deux sorties servirent de réponse à la lettre de l'émigré qui cherchoit à me séduire. Je vais en parler tout-à-l'heure.

Je voulus sonder les dispositions des prisonniers que j'avois fait dans la première sortie. Pour en tirer meilleur parti, j'avois ordonné qu'ils fussent bien traités. Deux me parurent dans de bonnes intentions. Je les payai cher. Dans la position où j'étois, je ne devois regarder à aucun sacrifice pour obtenir par adresse ce que je ne pouvois faire par force. J'obtins d'eux qu'ils se chargeroient des décrets de l'Assemblée nationale traduits en langue Allemande ; ceux-là, sur-tout, qui offroient une récompense aux déserteurs ennemis. Sur cette promesse, je les fis sortir en les comblant d'espérances à réaliser à leur retour. Propager les principes de notre liberté parmi les troupes ennemies, et détromper sur-tout ceux qui croyoient que les François pendoient les prisonniers que le sort des armées mettoient entre leurs

______

(1) Il faut pourtant avouer qu'à cette époque les forces de la République étoient au plus de 50,000 hommes, encore étoient-elles divisées en trois corps d'armées ; de manière que les avant-gardes & les distributions de sûreté étant faites, il y avoit telle armée dont le corps principal n'étoit pas de 6,000 hommes effectifs, &, cependant, j'avois évidemment besoin de secours.

(2) Page 9 du Mémoire pour les habitans.

mains, étoit un devoir de mon cœur, étoit une justice à rendre à la nation Française et aux soldats de la liberté. Je m'avoue bien coupable si cette conduite est criminelle. La guerre ne seroit donc plus qu'un métier de violence et de sang, si le commandant, chargé d'un poste important, ne pouvoit employer la ruse, quand, sur-tout, il n'a pas assez de forces pour le défendre.

J'avois reçu une lettre du ci-devant Capitaine du Régiment de Rouergue. Il étoit émigré. Il m'invitoit à trahir mon devoir, à sacrifier les intérêts de ma patrie pour quelques illusions, pour quelques hochets de la vanité. Il avoue bien que nous *sommes divisés d'opinion*. Que je suis d'une *Secte différente de la sienne*. Il paroît bien persuadé que je n'ai *embrassé le parti de la révolution que parce que je crois avoir raison*. Il va jusqu'à m'attaquer dans la partie la plus sensible de mon cœur. Il suppose que ma femme regrette l'évidence de mes principes ; *qu'elle est dans la désolation depuis qu'elle m'a vu prendre le parti malheureusement dominant en France depuis trop long-tems*. Il me fait la grace, cependant, de me croire *incapable d'aucune trahison*. Il me représente qu'il est *impossible de résister aux Prussiens, puisque les François ont eu la mal adresse de leur laisser prendre la hauteur et de s'emparer des défilés*. Viennent ensuite de belles propositions de la part du Roi de Prusse, pour moi et ma famille. Il me demande, au nom de Brunswic, *une entrevue sous la parole d'honneur réciproque ; mais il désireroit que des membres de la Municipalité et du District fussent présens*.

Il finit *avec les sentimens qui nous ont liés long-tems, et qu'il voudroit voir se renouveller*, etc. (1)

Je sais qu'on a tiré de cette lettre, toute entière à mon avantage, des inductions perfides. On a interprété même contre moi la loyauté de ma démarche, en la montrant aux Corps Administratifs, et à tous ceux qui ont voulu la voir. Ceux qui savent apprécier les mouvemens du cœur humain, par les actions qu'il nécessite, diront, sans doute, que si j'avois voulu profiter des offres que l'on me faisoit, je ne les aurois pas rendues publiques.

____

(1) La lettre est aux pièces du procès ; elle est cotée 7me.

Ce que l'émigré se permet de dire de ma femme, prouve qu'il me croyoit des principes de liberté solides : sans cela auroit-il cherché à tourner mes regards sur une femme à qui il sait bien que j'ai voué toute ma tendresse ? Il lui suppose des sentimens anti-civiques ; il croit que c'en est assez pour changer les miens. Mais j'avois été plus d'une fois le témoin de ses actions patriotiques : j'en avois la preuve dans toutes ses lettres, et sa rupture avec la société des *ci-devant*, me démontroit trop clairement la grossièreté d'une trame aussi mal-adroite.

J'ai interrompu le récit des événemens qui se sont succédés pendant mon commandement, pour me livrer à une réflexion que mon cœur n'auroit pas pu supporter plus long-tems : je reprends.

J'étois rendu à l'époque où le général Clairfayt me dépêcha un aide-de-camp, accompagné d'un trompette. Ils furent conduits tous les deux, les yeux bandés, à la maison commune (1). J'étois à visiter mes batteries ; je m'y rendis, ainsi qu'une grande partie des officiers de la garnison. Cet envoyé me remit deux sommations, au nom du *Roi de France*; l'une pour moi, l'autre pour la municipalité. Je les lus toutes deux à haute voix. Mon indignation fut grande, et la réponse fut conforme. Je n'attendis pas le vœu de la municipalité pour répondre. J'avois déja trop de soupçons contre elle. C'est moi seul qui répondis, quoique l'on ait glissé, dans le mémoire pour les habitans, sur ce fait intéressant, quelques figures en pâlirent, mais elle fut généralement adoptée. Elle portoit, entre autres choses *que, combattant au nom du Roi et de la Nation Française, TOUJOURS SOUVERAINE, nous étions surpris que l'on nous menaçât, au nom du Roi des Français, de toutes les rigueurs de la guerre; que, cependant, fermes de notre conscience, et pleins de confiance dans la justice de notre cause, nous espérions repousser la force par la force; que rien ne pouvoit étonner*

____

(1) Page 10 du Mémoire pour les habitans.

un *Français que la crainte de la honte et de l'infâmie ; et que l'on jugeroit, à la manière de nous défendre, si nous étions dignes de toute l'estime de nos ennemis* (1).

Ce fut le 21 que cet acte eut lieu. Je ne crois pas que mes détracteurs puissent dire que ce soit là le langage d'un lâche et d'un traître, ou les idées auroient bien changé.

Je crus devoir faire rafraîchir l'envoyé. On eut l'audace de boire à la santé d'un roi qui faisoit la guerre au peuple qui l'avoit nommé son chef. Je reculai d'indignation ; mais je bus à la santé de la nation.

Cet envoyé avoit une escorte de cavalerie et de Tyroliens, qui, sur la foi des traités, s'assirent sur l'herbe en attendant la fin de sa mission (2). Cette troupe causa des inquiétudes. Le citoyen Prevôt, officier de hussards, dont je connoissois le zèle et les dispositions guerrières, vint me dire à l'oreille qu'il croyoit que l'élargissement de nos prisonniers *avoit fait merveille*, que des déserteurs, assis autour des remparts, se présentoient vraisemblablement pour entrer. Je lui dis de s'en informer positivement, et crainte de surprise, je pris la précaution de renforcer le poste voisin d'une compagnie de grenadiers. Quelles que fussent mes espérances, je crus devoir demander à l'envoyé ce que c'étoit que cette troupe. Je lui dis en même tems, que mes canons étoient chargés à cartouches ; que si elle avoit des intentions hostiles, une seule bordée nous en débarasseroit. L'envoyé chargea son trompette de sonner la retraite. Il fut à cet effet conduit sur le rempart et la troupe se retira.

On me blâme de n'avoir pas fait tirer sur *des hommes assis*, pendant qu'un envoyé, dont la personne, ainsi que l'escorte, sont sacrées, étoit à remplir une mission importante. On ne calcule donc, dans le trouble de l'esprit, dans l'égarement de la peur, aucune action. Peut-on oublier les principes, à jamais

---

(1) Cette pièce fait partie de celle du procès ; elle est cotée 3me.
(2) Page 11 du Mémoire pour les habitans.

respectables du droit des gens ! un militaire doit s'en souvenir toujours (1).

Croira-t-on aussi que je dusse faire confidence à tout le monde, à l'envoyé même, de mes espérances sur la désertion sur laquelle je comptois? Et les précautions que j'ai prises pour m'en assurer sont-elles un crime ? Suis - je encore coupable pour n'avoir pas été effrayé d'une poignée d'hommes qui vint s'asseoir sous le feu de mes batteries ? Quelle misère ! ... On convient que le *grouppe ennemi s'éloigna avec l'envoyé.* Voila toute la réponse à faire à cette inculpation.

Après cette sommation je crus devoir prendre des mesures pour résister à l'attaque sur laquelle je comptois. Mais connoissant les dispositions pacifiques des habitans, je pris la précaution de leur insinuer que cette sommation n'auroit aucunes suites. Espérant par ce moyen être moins gêné dans mes opérations, car j'avois tout à la fois l'emploi de rassurer les lâches, celui de résister à la force, et de rétablir une discipline mal observée.

Dès le même soir je fis éteindre les feux multipliés que j'avois fait allumer pour donner le change à l'ennemi. Néanmoins le bombardement commença avec une violence incroyable. Dans le même moment le feu prit à six maisons, dont l'une fût consumée en entier. J'employai la garde citoyenne à éteindre le feu, et je me portai à mes batteries, sans les abandonner un seul instant. Un officier d'artillerie me conseilla de m'éloigner; mais j'étois revêtu d'une grande confiance, je devois partager de grands dangers, et ne rien négliger pour le salut de ma patrie. Ce premier feu dura près de sept heures. Je défie un seul témoin oculaire de dire que je fus un instant sans m'exposer au péril. (2)

Enfin, le feu ayant cessé au point du jour, je fis rentrer la

---

(1) Pages 11 et 12 du Mémoire pour les habitans.
(2) Idem, page 13.

garnison. Ce fut alors que je crus, pour m'attirer la confiance des habitans et enflammer leur courage, devoir leur communiquer la lettre que j'avois reçue de l'émigré françois.

Je rentrai ensuite chez moi, et je me jettois sur mon lit pour y prendre quelque repos. Aussi-tôt on m'annonça une députation des corps administratifs pour me solliciter de me rendre. Ils m'exagérèrent le péril, de manière que ma seule réponse fut de tirer mes rideaux et de les consigner à ma porte.

La garnison étoit extrêmement fatiguée. Je fis venir deux barils d'eau-de-vie. Je pris conseil des officiers avant de la faire distribuer. Plusieurs soldats, que j'avois envoyé secourir ceux qui étoient occupés à arrêter l'incendie, s'étant énivrés, il n'en fut pas distribué un verre : le garde-magasin peut attester ce fait.

Pendant cet intervalle, et sachant qué j'étois menacé d'une attaque générale, ayant encore été informé ainsi que les corps administratifs, que des échelles étoient prêtes pour emporter la place de vive force, je changeai mon plan de défense. Je fis rentrer mes postes avancés. Je donnai des ordres pour border les remparts de faulx à revers et hallebardes. J'ordonnai de pourvoir les pièces d'artillerie de charge à cartouches ; enfin je pris les précautions les plus meurtrières. Ces faits doivent être aisés à prouver, en se faisant représenter mes ordres ; ils furent donnés par écrit.

Les habitans et la garnison commençoient à respirer, lorsque les ennemis firent un second bombardement. Il fut si considérable, *et la chûte des bombes si rapide et si terrible, que chacun eut peine à reprendre son poste. Le feu prend dans divers quartiers de la ville : onze maisons sont consumées à-la-fois ; et de 279 maisons dont est composée la ville, 114 sont endommagées* (1). Plusieurs citoyens sont tués ; d'autres blessés. L'artillerie de la place, quelque bien

---

(1) Voir la page 13 du Mémoire pour les habitans.

servie quelle fût, ne put ralentir le bombardement. A la vérité, un brouillard fort épais empêchoit de distinguer la position
de l'ennemi (1).

Pendant cette seconde attaque, beaucoup de citoyens volontaires s'étoient de nouveau retirés dans leurs caves pour échapper
au péril. C'est alors que je reçus, avant midi, de nouvelles dé-
putations des corps administratifs, pour capituler. Le colonel
du trente-quatrième régiment, ci-devant Angoulême, et le premier capitaine, me firent à cet égard les plus vives représentations. Ils me dirent qu'il étoit ridicule de prendre sur moi seul
la défense inutile d'une place aussi foible et déjà ruinée ; que je
me rendois responsable des malheurs des habitans, et qu'il étoit
évident que j'excédois les bornes de mon pouvoir ; que déjà les
corps administratifs s'étoient expliqués, qu'il falloit enfin prendre
un parti. Que pouvois-je faire contre toutes ces instances ? J'étois
seul ; ma garnison étoit foible, mal instruite et indisciplinée. Je
n'eus pu ni persuader, ni agir de violence. Je crus néanmoins devoir
consulter un officier du génie et un vieux capitaine d'artillerie.
Ils me répétèrent que *la place en effet ne valoit rien, que les travaux qui avoient été nouvellement faits annonçoient la trahison, que
si les ennemis s'opiniâtroient aux poternes, ils les enfonceroient.* Je
rassemblai donc le conseil de guerre et les corps administratifs,
pour m'entourer de plus de lumières et n'avoir rien à me repro-
cher. J'espérois encore y trouver ce courage républicain, qui fait
braver tous les dangers, et qui mène si rapidement au triomphe
dans les cas les plus désespérés. On sait que les hommes rassem-
blés s'électrisent mutuellement, que, seuls et isolés, ils sont plus
timides. J'attendois de cette réunion une masse de courage, qui
eût enveloppé la pusillanimité des corps administratifs, et qui
les auroit réduit au silence. Je me trompois, nous ne fumes que
deux opposés à la capitulation, le brave commandant du bataillon

---

(1) Voir la page 14 du Mémoire pour les habitans.

de la Côte-d'Or et moi. Seul, ce vaillant républicain osa s'opposer à cette reddition honteuse. Son ame brûlante essaya de tout enflammer ; mais elle ne rencontra que tiédeur, que glace. Je fus obligé de céder, après avoir été deux fois aux opinions. C'est alors que je dictai publiquement une lettre au duc de Brunswick pour cette capitulation, tant désirée des habitans et d'une partie de la garnison.

Il n'est pas inutile de rappeller que je soupçonnois quelqu'un d'avoir des intelligences au dehors, malgré les ordres sévères que j'avois donné pour en empêcher. Le colonel du trente-quatrième régiment, me rencontrant le même jour sur la place, me montra une lettre d'une Demoiselle, qui lui annonçoit tous les préparatifs hostiles des ennemis. C'est à cette occasion qu'il me fit les représentations dont je viens de parler.

Enfin, les articles de la capitulation me furent envoyés ; je les reçus à table ; nous étions dix-huit. La lecture en fut faite à chaque corps par l'officier supérieur ; mais je l'apostillai d'un *désaveu formel de ma part.* Ce fait est constant, j'offre d'en acquérir la preuve, puisque l'on n'a pas eu la loyauté de le dire (1). Il est vrai que Clairfayt, arrivant le lendemain pour prendre possession de la ville, me présenta une nouvelle copie de cette capitulation pour la signer ; on avoit eu le soin de supprimer ma protestation. Je devins furieux de cette fourberie. Je n'étois plus en état de résister. Je m'en tins à dire à Clairfayt, que je me brûlerois la cervelle devant lui, si je n'avois pas l'espoir de m'en venger un jour.

Cette protestation étoit l'expression non équivoque de mes sentimens. Elle feroit en ce moment toute ma gloire, comme sa suppression me couvre d'une honte injuste ; j'espère cependant un jour, pouvoir acquérir la preuve de cette vérité. Si j'obtiens la justice qui m'est due, je jure, au nom de la liberté, de rap-

____

(1) Si mon procès s'instruit, je ne doute pas que plusieurs citoyens et toute la garnison ne déposent de ce fait notoire.

porter

porter cet acte à la république, ou la preuve légale de son existence, ou bien la tête de celui qui l'a supprimé.

Voilà donc l'instant fatal qui a fixé sur moi les regards indignés
de tous les Français, moi, dont le feu du plus pur patriotisme
porte dans mes veines une ardeur brûlante.... Moi, l'ennemi des
tyrans... Moi, qui me suis réveillé comme un lion au premier
cri de la liberté expirante.... Moi, qui ai le premier chassé du
territoire de la république, les esclaves du despotisme.... Moi,
qui, avec une poignée d'hommes, me suis emparé de Sierck,
déjà au pouvoir des ennemis de la France.... Moi, qui écrivois
le 29 juin dernier, au citoyen Bellegarde, député au Corps lé-
gislatif, et maintenant à la Convention, en ces termes : « Déjouez
» tous les complots. Forcez le pouvoir exécutif d'obéir à vos
» décrets, poursuivez-le jusques dans ses plus affreux repaires,
» comme je vous l'ai dit. Suspendez le Roi, si vous doutez de
» ses principes ; éloignez ou renfermez la Reine, si ses vues peu-
» vent contrarier en quelque chose celles que vous avez pour le
» bien de l'état... Comptez sur la bonté des troupes, elles sont
» à vous pour la vie. Se faire hacher pour ses représentans est la
» plus forte de leur ambition........ N'ignorant point les
» projets infernaux de nos émigrés, c'est là ou doivent se
» porter toutes vos sollicitudes ; forcez le pouvoir exécutif à
» marcher, il cherche à tout désorganiser ; car vous payez quatre
» cens mille hommes..... Le vrai mal, c'est que la loi est mé-
» connue par-tout, que la haute-cour, pleine de coupables, ne
» fait rien ; on ne voit le glaive de la justice s'appesantir sur
» personne. Pouvez-vous vous le dissimuler, c'est le pouvoir
» exécutif, c'est lui qui suborne tout.... Le régiment, et je crois
» toute la garnison, ont donné un jour de leur paye pour les
» frais de la guerre. Ce seroit nous faire la plus grande injure,
» que de douter de notre entier dévouement pour une aussi belle

C

» cause que l'est à nos yeux celle de la patrie. Imitez nous, et
» sûrement *ça ira* (1)».

Et ce langage de mon cœur, que ma plume a tracé le 29 juin,
seroit celui d'un soldat traître à sa patrie le 23 août!.... Non,
Citoyens, vous ne le penserez pas. Je ne suis pas un traître, je
ne suis que calomnié et infiniment malheureux. Quelques réflexions sur la défense de mes adversaires, et sur les actes émanés
de leur *propre mouvement*, vont jeter la lumière la plus éclatante
sur cette étonnante affaire.

Je ne répondrai pas à plusieurs inculpations qui me sont faites.
A celles, par exemple, de n'avoir pas tiré une pièce de vingt-
quatre sur chaque homme qui paroissoit à portée ; de n'avoir
pas fait de sortie quelques heures après en avoir fait une avec la
moitié de ma garnison ; de n'avoir pas été visiter privativement
les corps administratifs ; d'avoir parlé à l'oreille à l'un des officiers
de ma garnison, en présence de l'envoyé de Clairfayt ; d'avoir
chassé les citoyens des batteries, quand il est de fait qu'ils ne s'y
présentèrent pas, et que je fis au contraire ce que je pus pour
faire sortir momentanément de prison, trois canonniers renfermés
par jugement d'une cour martiale, qui me demandèrent à servir
leur patrie pendant le moment du péril, avec promesse de subir
leur jugement après le danger cessé (2). J'avois cependant besoin
d'hommes instruits en ce genre ; je fus obligé de céder aux représentations de leurs officiers, et je fus privé du secours de trois
hommes précieux, et qui paroissoient de bonne volonté.

S'il falloit m'arrêter à tant d'inepties je ne finirois pas. Je suis
déjà révolté d'être obligé de justifier une conduite toujours sans
reproche.

____

(1) Cette lettre fait partie des pièces du procès. Elle est cotée 21.
(2) La lettre de ces prisonniers est du 22 août, elle est la 18me pièce du procès

RÉFLEXIONS sur la conduite des Corps Administratifs, et sur la Relation *qu'ils ont publiée pour leur justification et celle des habitans* (1)..

Dans le recit que je viens de faire des faits qui me sont personnels , on a dû remarquer trois époques principales. 1°. L'état de la place à mon arrivée. 2°. La disposition des esprits au moment de l'attaque. 3°. Enfin , la reddition de la place.

Ce qui s'est passé depuis ne peut être indifférent à ma justification. C'est la quatrième époque dont j'ai maintenant le plus à m'occuper.

J'insisterai cependant encore sur la première époque. J'ai des rapprochemens à faire avec l'esprit de la loi, pour faire connoître si j'ai rempli mon devoir , et si j'ai , en quelque point , manqué à l'honneur.

Je parlerai peu des deux autres. On tirera des conséquences suffisantes des circonstances dont j'ai rendu compte.

J'ai dit, et tous conviennent, que la place étoit délabrée, les travaux imparfaits , les précautions mal prises , les armes en mauvais état. J'ajoute que les habitans étoient dans la stupeur, les corps administratifs mal composés ; l'esprit public détestable, et la majorité plutôt disposée à baisser la tête sous le joug de la tyrannie, qu'à la lever hardiment en face des tyrans.

J'ai proposé une capitulation , il est vrai ; mais forcé par tous les habitans, par la garnison elle-même ; j'ai seulement été l'or-

____

(1) Je dois rendre justice au civisme du maire de Longwi, le citoyen Guillemard , ainsi qu'au citoyen Voyard. Ils m'ont paru tous les deux entièrement dévoués aux intérêts de la patrie. J'ignore comment le citoyen Guillemard se trouve inculpé. Je préviens que ce n'est pas sur lui que porteront mes réflexions. Mon devoir est d'être juste, même envers ceux qui m'accusent. Je dois aussi des éloges à une partie de la garnison , et sur-tout aux chefs.

gane de tous ; mais, quand et comment l'ai-je proposée ? après des *demandes réitérées des corps administratifs* ; après avoir épuisé mes munitions ; après avoir rassemblé, par surabondance, un conseil général de toute la garnison et des corps administratifs ; enfin, après avoir fait tous les efforts pour une résistance inutile (1).

Je l'ai proposée contre mon gré, et je défie qui que ce soit qui ait assisté au conseil, de dire que ce fut mon vœu. Le contraire est bien constant, puisque les articles de la capitulation m'ayant été envoyés par Clairfayt, je mis au pied ma protestation formelle et la signai. J'ai déjà offert d'en acquérir la preuve.

La loi du 10 juillet 1791, sur la défense des places de guerre, dit, article IX du titre III : « Que l'officier-général-commandant » sera obligé de se concerter avec toutes les autorités civiles, à » l'effet de procurer l'exécution de toutes les mesures ou précau- » tions qu'elles auront pu prendre pour le maintien de la tran- » quillité publique *ou pour l'observation des loix ; ainsi que d'optem-* » *pérer à leurs requisitions toutes les fois qu'elles seront dans les cas* » *prévus par les loix* ».

Une loi postérieure, celle du 16 juillet dernier, est à la vérité plus précise et plus rigoureuse ; mais elle ne parle que de places fortes ou bastionnées, en état de résister à une attaque. Elle veut qu'elles ne soient rendues à l'ennemi que lorsqu'il y aura brêches accessibles et praticables aux corps desdites places. Cette loi ne peut ranger dans cette classe, les places dont les fortifications sont hors d'état de résistance, et déjà écroulées en partie. Or, la place de Longwi étoit, au moment du siège, dans un état de délabrement notoire. Il ne falloit pas de canon pour faire brêche ; les dégradations étoient telles, que le plus léger effort auroit suffi pour faire passage à l'ennemi. Une partie avoit été réparée en pierre sèche et étoit déjà écroulée. D'ailleurs, cette loi juste, dans toute autre circonstance, ne peut s'appliquer à la guerre

---

(1) Voir le certificat des corps administratifs aux pièces du procès, coté 6.

actuelle. Tout le monde sait que les cruels Autrichiens et tous nos ennemis coalisés, ne cherchent pas à enlever d'assaut les villes qu'ils assiègent, ils redoutent trop le courage des Français. Ils cherchent seulement à leur faire un mal inévitable, par le bombardement et par l'incendie qui en est la suite. La malheureuse cité de Lille en est un exemple frappant. Les Autrichiens se sont retirés quand ils n'ont plus eu de mal à faire.

Longwi a été traité de même ; mais moins en état de résister, dénuée de forces, et presque généralement corrompue, avois-je assez de moyens pour l'exécution rigoureuse de la loi du 26 juillet ?

Cette loi suppose encore, dans une place de la classe de celles dont il y est question, des forces suffisantes pour offrir quelque résistance ; car il seroit ridicule de penser que le législateur ait voulu que les fortifications fussent la seule à opposer à l'ennemi, en quelque nombre qu'il fût. C'est cependant l'état où je me suis trouvé, puisque je n'avois pas un homme à placer par toise, et que je fus obligé, pour garnir le cordon de la place, d'abandonner les ouvrages extérieurs.

Le législateur a-t-il voulu punir de mort le commandant qui ne repousseroit pas une armée de cent mille hommes, avec les secours mal adroits de deux mille, mal instruits et indisciplinés ? Non ; autrement nous serions sous le règne du sanguinaire Dracon. Cette idée répugne aux lumières et à la philosophie de ce siècle. Qu'est-il résulté de ce dénuement ? que la ville s'est rendue, parce qu'elle n'étoit pas en état de résister, parce qu'on m'a refusé tous les secours que j'ai demandé ; car j'aime encore à croire que les habitans mieux secourus, eussent peut-être montré plus de courage.

Déjà fatigués par un violent bombardement qu'ils ne pouvoient éviter ni repousser, les habitans ont cru qu'ils devoient, pour s'épargner de plus grands malheurs, me contraindre à capituler.

Ils se sont emparés de tous les esprits, et jusques à la garnison (1); tous demandèrent de ne pas résister plus long-tems.

Je demande au plus vaillant, au plus zélé défenseur de la liberté, ce qu'il eût fait à ma place? Le bouclier de Minerve, la tête de Méduse m'eussent sans doute servi; mais je ne pouvois obtenir des habitans, l'effet d'un courage qu'ils n'avoient pas, et ma garnison n'étoit pas beaucoup mieux disposée, si l'on en excepte une partie; mais qui ne connoissoit rien au métier de la guerre.

Au reste, je vais prouver que je me suis renfermé dans les termes des loix sur la défense des places de guerre. Celle du 26 juillet dernier, porte article 1er : « Que tout commandant de place forte » ou bastionnée, ne la rendra à l'ennemi que dans le cas où il y » auroit brèche accessible au corps de la place, et que le corps » de la place auroit soutenu un assaut, *si toute fois il y a un* » *retranchement intérieur derrière la brèche, à moins qu'il manque de* » *munitions ou de vivres* ».

Avant de proposer la capitulation, il s'étoit déjà fait une grande consommation de munitions; on sait que l'effet n'en fut pas fort heureux, par rapport au grand brouillard qui empêchoit de distinguer la position de l'ennemi, et parce qu'il existe dans cette place un vice de localité qui nuit essentiellement à l'effet des batteries. J'avois pris des informations sur l'état des munitions, qui ne m'avoit pas très-satisfait; mais cependant j'étois disposé à tout consommer pour ne laisser à l'ennemi que notre courage à admirer. Voici la déclaration qui fut faite dans le conseil de guerre par le capitaine d'artillerie. On n'en doutera pas, puisqu'elle est rapportée par mes persécuteurs eux-mêmes (2).

« Le capitaine d'artillerie observe, sur-tout, que les bombes » existantes dans la place, seroient épuisées en moins de huit » heures de tems; qu'il n'y avoit plus de gargousses, pas même

---

(1) Voir le résultat du conseil de guerre.
(2) Voir la page 18 de la relation des habitans.

» de lanternes pour toutes les pièces ; point de mitraille et pres-
» que pas de faulx, ni autres instrumens propres à repousser
» l'assaut ; confirmant ensuite les faits annoncés par le comman-
» dant sur les six mille échelles , il prouve que l'artillerie
» destinée à défendre les flancs est insuffisante ; qu'il n'y a pas
» assez de canonniers pour en attacher un à chaque bouche à
» feu...... Ce raisonnement, vivement appuyé par l'officier
» du génie, en impose tellement aux chefs des différens corps
» militaires, qu'après de légères observations, ils conviennent
» de l'impossibilité de soutenir plus long-tems le siège et sont
» d'avis de capituler »,

Ainsi, d'un côté, je n'avois pas assez de bras pour repousser une attaque aussi vigoureuse, et de l'autre mes munitions étoient épui-sées. Je pouvois donc capituler aux termes de la loi. Le conseil que j'ai rassemblé, en y comprenant les corps administratifs, est précisément la règle prescrite par l'article III de la même loi, et par l'article IX. du titre III, de celle du 10 juillet 1791. Ma conduite est donc légitime. Si l'on rapproche de ces faits énoncés par mes adversaires mêmes, le certificat qu'ils m'en ont donné, doutera-t-on qu'il n'y ait quelque puissance injuste qui me fait souffrir des fautes des autres?

Quelle est donc cette politique étonnante, qui ne veut pas approfondir la cause du mauvais état des fortifications de cette place que j'ai eu à défendre, et du dénuement de forces où se trouvoit la malheureuse ville de Longwi ? Quelle est donc cette politique injuste qui veut sacrifier l'innocent aux erreurs de l'homme coupable ?... Qu'on cherche plutôt pourquoi je n'ai pas eu de secours ; pourquoi Luckner s'étoit retiré à Frescati ; pour-quoi il m'écrivit qu'il ne me perdroit pas de vue ; pourquoi Lafayette est déserté à cette époque ; pourquoi ni l'un ni l'autre n'ont répondu aux instances que je leur ai faites pour m'envoyer des forces ; pourquoi l'on avoit placé dans cette ville le corps le plus indiscipliné de l'armée, le premier bataillon du tren-

quatrième régiment, la seule troupe de ligne qui fût à ma disposition, et dont presque tout le service se borna à tourmenter les
habitans par tous les excès; pourquoi l'on avoit mis à la tête de
ce corps l'homme le plus incivique et le plus traître; pourquoi,
depuis ma détention, l'on n'a pris aucune mesure pour faire
connoître mon innocence; pourquoi l'on n'a pas mis sous les
yeux du jury toutes les pièces qui étoient à ma décharge;
pourquoi, enfin, l'on n'a pas, à cet égard, obéi à la loi, qui
ordonne que je serai jugé sur les pièces trouvées sur moi lors
de mon arrestation ?

On attendroit donc quelques incidens préparés par la calomnie
ou par l'intrigue, afin de me perdre plus surement et pour cacher
les trahisons qui ont si long-tems retardé le triomphe de la liberté.
Mes plaintes à la Convention nationale se feront entendre. J'y
trouverai des hommes impartiaux, et qui ne se laisseront pas
abuser par les tortueuses menées des tyrans masqués. C'est à elle
que j'adresse mes gémissemens : je la conjure d'avoir pitié des
tourmens de ma famille : elle est digne d'un regard d'intérêt,
elle a tout sacrifié pour la cause de la liberté, qu'elle a juré de
défendre.

S'il restoit quelques doutes sur ma conduite, les habitans ont
pris soin de les lever dans un certificat très en règle, qu'ils m'ont
délivré le jour que, pressés par les dangers qu'ils redoutoient, ils
insistèrent davantage pour la reddition de la place.

En vain les défenseurs des habitans ont cherché à atténuer la
force de ce certificat, il n'en résulte pas moins qu'ils ont exigé
de moi que je rendisse la place. Je n'aurois pu résister à leurs
demandes réitérées, à la nécessité impérieuse de céder, faute de
secours et de moyens de défenses, sans me rendre personnelle-
ment responsable de tous les événemens, et sans désobéir à
la loi.

On sent bien que les habitans, sous le tranchant de la ven-
geance nationale, cherchent à me charger des griefs qu'on leur a
justement

jůstement reprochés ; mais comme ils deviennent mes parties adverses, ce n'est pas sur leurs allégations que je dois être jugé. La justiee sait prendre une autre marche. Il lui faut des faits constatés et des preuves légales. J'ai à leur opposer des faits et des preuves légales : je ferai connoître dans un instant la teneur de ce certificat qu'ils regrettent de m'avoir donné depuis que la vérité commence à se montrer.

Ce qui s'est passé depuis la reddition de la place doit , en démontrant l'imposture et la lâcheté des habitans, donner plus de force à mes moyens de défense. On me pardonnera de jetter un regard un peu sévère sur la conduite de mes détracteurs , afin de démontrer qu'ils ont quelques intérêts à cacher leurs fautes, à l'ombre des nuages dont ils obscurcissent mes actions.

Les troupes ennemies arrivent ; une joie indécente éclate sur tous les visages. On célèbre l'entrée triomphale du despote de Prusse, par des cris répétés de *vive le roi*. On va au-devant de lui, on le harangue servilement ; et pour mettre le comble à tant de bassesses , les corps administratifs font à Louis Xavier, ci-devant Monsieur, l'adresse la plus rempante ; il n'y a point d'expression dégradante qui n'y soit employée. Ils disent que c'est la terreur, l'amour de leur fortune et de leurs jouissances personnelles qui les a forcés à cet acte *vil et extravagant* (1). Cependant, il n'a pris naissance que huit jours après la reddition de Longwi ; c'est-à-dire le premier septembre.

Ou leur frayeur avoit été grande pendant l'attaque, puisqu'ils la ressentoient encore huit jours après ; ou ils ont fait cet acte dans le calme de leurs sens. Dans le premier cas , on ne sera pas étonné qu'ils m'aient requis souventes fois de capituler : dans le second , on ne sera pas surpris qu'ils m'aient requis également pour se livrer à la domination de Louis Xavier , qu'ils ont apelié, si tendrement, le *père des Français* (2).

---

(1) Page 31 du Mémoire pour les habitans.
(2) Idem , page 36.

D

Il faut avouer que cet *acte arraché par la violence* et *suggéré* par Lambert, agent des princes, a été fidèlement rédigé ; on n'y a sur-tout pas oublié les invectives à l'assemblée législative, et le cri de la révolte contre la souveraineté nationale ; enfin, il paroît que les habitans étoient si bien pénétrés de ces principes, qu'ils n'ont pas omis un des traits frappans de cet *hommage-lige*, quoi qu'ils assurent n'en avoir pas conservé copie. Il est bien plus vrai qu'ils en ont craint la publicité ; mais l'original est au Comité de sureté générale de la Convention, et l'extrait en a été inséré dans le rapport fait par les commissaires de la Convention nationale à l'armée du centre.

Ne pouvant nier l'existence de cette adresse, qui jette une si grande lumière sur leur conduite, les habitans usent des mêmes moyens qu'ils ont employés, pour détourner l'attention loin du terrible aveu que leur conscience leur arracha en ma faveur, dans un moment moins dangereux pour eux. J'entends parler du certificat qui s'est trouvé dans mes papiers. Ils disent que les expressions *viles et extravagantes*, dont cette adresse est tissue, annoncent qu'elle n'est partie du cœur d'aucun citoyen (1). Comment ! il s'est trouvé des hommes, des magistrats pour revêtir de leur signature cet acte dérisoire !... Comment, l'action d'un homme libre n'est pas l'expression de ses sentimens les plus intimes !... Comment, des corps administratifs, des élus du peuple, composeroient ainsi avec leur honneur !.... Qui peut donc penser maintenant que des démarches contraires, ne sont pas également dictées par la frayeur ? Cette tortueuse défense n'en imposera pas. Qu'ils regardent, ces foibles magistrats, les citoyens Claude, juge de paix, et Georges de Varenne, tous deux membres de l'assemblée constituante, hommes à jamais respectables, ils ne savent pas se jouer ainsi de leur conscience, ils ont eu la fierté de refuser leur signature à cet acte immoral ;

---

(1) Pages 30 et 31 du Mémoire pour les habitans.

que n'avoient-ils ce courage ? les Français généreux les auroient dédommagés des rigueurs qui en eussent été la suite.

On prétend que ce refus est la cause de la détention du citoyen Claude. Non, il avoit un autre vice aux yeux des despotes coalisés ; il fut député à l'assemblée constituante. Si, pour n'avoir pas signé cette adresse, on eût dû être mis aux fers, si tel eût été le dessein formel des agens du despotisme, combien de citoyens notables auroient subi le même sort ? Mais tout est conjecture dans la défense des habitans ; et pour jetter des illusions devant ceux dont ils craignent l'opinion, il faut bien créer des romans.

Cette adresse étoit de propre mouvement, tout l'annonce ; et la protestation faite vingt-deux jours après, pour en réprouver le contenu, est encore l'effet d'une nouvelle frayeur. Les ennemis alors n'étoient plus sur le territoire français ; ils venoient de se retirer ; toute la France connoissoit la conduite des habitans de cette cité. Ils cherchèrent, par cette rétractation, à captiver la bienveillance de la nouvelle autorité, à laquelle ils étoient, malgré eux, encore obligés de se soumettre ; mais la réponse du ci-devant Monsieur éclairera bien davantage sur les véritables sentimens des habitans. On y lit : *L'accueil que j'ai reçu de vous, et qui ne s'effacera jamais de mon souvenir, m'étoit un sûr garant de votre façon de penser* (1).

Rien n'a constaté l'existence de cet acte avant sa date ; on observe à cet égard, qu'il y avoit *des raisons prépondérantes pour éviter le ministère du seul notaire qu'il y eut dans l'arrondissement.* Quelle pitoyable raison ! quelle misérable rétiscence !

Il n'est plus difficile d'appercevoir que les habitans sont eux-mêmes les seuls instrumens de leur malheur. Quand les circonstances, dont j'ai rendu compte, ne suffiroient pas pour en convaincre, ils ont pris soin eux-mêmes de l'attester dans le

---

(1) Voir le rapport fait par les commissaires envoyés par la Convention à l'armée du centre.

certificat que j'ai promis de faire connoître. Il n'est pas inutile, je pense, d'en rapporter exactement le contenu. Je sais que ceux qui ont intérêt à me trouver coupable, ont l'air de douter de son existence ; on m'assure même, qu'il n'a pas été émis sous les yeux du jury rassemblé à Troye. Cette négligence, si elle est vraie, n'est pas digne des agens d'une république, puisqu'en cela ils ont violé la loi, et ils pensent bien que je peux la prendre à partie ; mais il a été déposé à l'assemblée nationale, il doit être maintenant dans les bureaux de la guerre ; il est avoué des habitans, et j'en ai copie conforme : la voilà dans son entier (1).

« Nous, administrateurs du district et officiers municipaux de
» la ville de Longwi, certifions et attestons, à tous ceux qui le
» présent verront, que M. Lavergue, commandant de cette place,
» *n'a proposé la capitulation que sur la demande réitérée qui lui en a*
» *été faite par nous, au nom de tous les habitans*, et l'avis du con-
» seil de guerre, d'après la certitude que nous avons du bom-
» bardement et des préparatifs irrésistibles, qui ont eu lieu de la
» part des ennemis, dont on avoit l'avis certain : nous ajoute-
» rons qu'il est *impossible* d'avoir mis *plus d'ordre, d'activité et de*
» *surveillance* à remplir les devoirs de la place *de brave militaire*
» *et de bon citoyen*. En foi de quoi nous lui avons délivré le pré-
» sent, à Longwi, le 23 août, 1792. *Signés* L'HÔTE, le jeune,
» J. VARNINOT, officier municipal ; GUILLEMARD, maire,
» BERNARD et J. HUEAU ».

Si cette pièce n'avoit pas été tenue jusqu'à ce moment, dans l'ombre du mistère, serai-je encore sous la hache de la prévention ? Serai-je dans l'avilissement de la captivité, tandis que ma patrie toute entière est libre ? Aurois - je à craindre à chaque instant pour ma vie, déjà si souvent menacée par la fureur de quelques bataillons égarés, lors de leur passage à Langres. Aurois-

____

(1) Cette pièce fait partie de celles jointes au procès ; elle est cotée 6.

je la douleur de voir une jeune femme, la compagne de ma vie, venir, après avoir traversé toute la France, sans appui, sans protecteur, (car en est-il, dans ce moment, pour les malheureux que la prévention opprime) s'abreuver chaque jour de chagrin et d'amertume, partager tous mes dangers et soulever encore tendrement les chaînes qui m'oppressent ?

Barbare égoïsme, monstre qui dégrada si profondément la nature humaine ; c'est toi, c'est ton poison funeste qui a corrompu le cœur des hommes qui me persécutent. C'est pour ne pas avouer leur foiblesse, que les habitans de Longwi me couvrent d'opprobre et calomnient toutes mes actions. En est-il donc une seule de condamnable ? Je ne l'ai pas pensé lorsque je sortis de Longwi. Portant avec moi une conscience pure et la preuve authentique d'une bonne conduite, je venois douloureusement, il est vrai, raconter à l'assemblée législative la nouvelle trop fâcheuse des succès de la tyrannie, et en développer les causes. Si j'eusse été coupable j'aurois pris un autre chemin, j'aurois été réclamer les promesses que l'on savoit bien que j'avois refusées. Arrêté à Bourmon, faute de passe-port, on me saisit mes effets, et parce que l'on me trouve quelques fonds dont je m'étois précautionné, en allant occuper ce poste malheureux, on croit que c'est le salaire de ma trahison. Tout est crime, jusques aux actions les plus innocentes.

Devrois-je chercher à me justifier d'une inculpation aussi misérable ? mes adversaires prétendent que 20,000 livres m'ont été comptées en espèces par le trésorier de l'armée autrichienne (1). Il faut avouer que j'aurois trahi ma patrie à bon marché.

Mais j'offre ma fortune entière à celui qui pourra prouver que j'ai reçu une obole d'aucun individu du parti ennemi. Je défie qui que ce soit, sans passion, de me faire, à cèt égard, le plus léger reproche.

____

(1) Page 22 du Mémoire pour les habitans.

Une lettre d'un émigré m'est adressée ; cela est vrai, elle contient de grandes promesses ; mais on sait le cas que j'en ai fait ; mais on n'ignore pas que je n'ai accepté ni ses rendez-vous, ni ses offres. On ne m'eût pas fait grâce de la moindre démarche suspeccte ; et si j'avois eu quelque communication avec quelque agent étranger, on l'auroit bien su dire.

Comment ! parce que j'ai la générosité, la prudence de porter avec moi ma propre fortune pour les besoins (malheureusement trop multipliés alors parmi les troupes françaises,) que j'aurois pu avoir pendant mon commandement, on me suspecte de trahison !... N'avois-je pas tout à redouter des intrigues qui se sont pratiquées pour faire manquer du plus extrême necessaire les armées de la république ? Ne devois-je pas craindre de me trouver dans la détresse, si toute communication venoit à être interrompue ? C'étoit sans doute de foibles ressources, mais précieuses dans des tems désespérés. Voilà ma prévoyance, voilà mon crime. Au reste, cet argent étoit en dépôt chez le citoyen Voyard, entrepreneur des vivres, qui me le remit à mon départ. Je n'ai point attendu le reproche des habitans pour déclarer ce fait, il est consigné dans mon adresse aux Français du 25 septembre dernier.

Quant aux fonds retirés de la caisse pour dépenses secrettes, j'ai encore dit, sans attendre aucune interpellation, dans mon adresse aux Français que j'avois donné à mes prisonniers ennemis, dont j'avois cru devoir acheter les bons offices, une somme assez considérable d'argent. J'ai été obligé aussi à d'autres dépenses secrettes, dont le détail n'est pas ici nécessaire, je le ferai en tems et lieu.

Ces dépenses sont permises. Il y a des fonds dont le commandant a le droit de disposer pour y satisfaire ; et, s'il en est comptable, sa bonne foi seule est le témoin que l'on peut interroger ; au reste, la calomnie de mes Détracteurs paroitra évidente, quand on saura que l'argent que l'on m'a saisi, ne monte au total qu'à 36,143 livres, dont une grande partie en assignats.

Quand la capitulation a été proposée, j'ai cru ne devoir laisser
à l'ennemi que le moins possible. Je donnai des bons pour avancer
des fonds à divers corps , et notamment au premier bataillon du
trente-quatrième régiment, dont les finances étoient en fort mauvais état : j'en donnai pour fournir aux troupes des souliers, et
tout ce qui étoit à ma disposition. J'aurois voulu mettre tous les
magasins dans un creuset, pour leur distribuer plus aisément. J'ai-
mois mieux voir jouir les enfans de ma patrie des sacrifices qu'elle
avoit fait pour eux, que d'en voir profiter les assassins de la liberté.

Au surplus, si je croyois que, pour des faits de cette nature,
on pût me faire une inculpation, de quelque poids, aux yeux
des François, il ne me seroit pas difficile d'y répondre ; mais on
cherche à détourner l'attention pour des objets d'une foible im-
portance, lorsqu'il ne doit être ici question que de la reddition
de la ville de Longwi, et de savoir par qui elle a été rendue.

Le certificat des corps administratifs, et leur conduite ultérieure
ne laissent aucun doute sur ce fait important. La preuve en est
évidemment acquise par l'opposition qui se trouve entre ma conduite et celle des corps administratifs.

On a vu ceux-ci rampans aux pieds des amis du despotisme,
leur présenter un encens servile, et des adresses *extravagantes ;* pendant que moi, fier d'être François, quoique vaincu, je refusois
de paroître aux yeux du Roi de Prusse, qui me faisoit demander
en entrant dans la ville. C'est ainsi que l'homme vraiment libre
en conserve toujours le caractère : c'est ainsi que ne partageant
pas, en ce moment, les dangers des braves François qui combat-
tent pour la liberté, je me réjouis encore de leurs succès : c'est
ainsi que les Habitans de Longwi décèlent le secret de leur ame,
en avouant qu , *depuis la reddition de la place, les administrateurs
s'étoient retirés tous dans leurs campagnes, et se félicitoient de la tran-
quillité dont ils jouissoient en gardant leurs foyers* (1). Ceux qui se

____

(1) Page 22 du Mémoire pour les habitans.

[sont évadés ne croyoient pas, sans doute, *garder leurs foyers* aussi tranquillement.

Tous les griefs que me reprochent les Habitans, dans la relation qu'ils ont publiée, sont détruits par un acte de leur volonté, dont ils ne se doutoient pas certainement que je pourrois faire usage un jour, pour tourner contre eux-mêmes les traits qu'ils me lancent, par le certificat que j'ai transcrit plus haut.

Ils le sont encore par un aveu particulier, contenu dans leur propre défense. On lit, à la page 34, cette phrase remarquable. « En se rappellant les excès commis par la soldatesque ennemie, » les proscriptions, les tourmens, le pillage, les viols et les » crimes en tout genre, dont cette terre de liberté fut souillée ; » l'état de crainte, les sinistres présages et le désespoir qui gon- » floit tous les cœurs ; quel est l'homme dont le courage ne se » fût ébranlé, et qui *n'eût cherché le salut de tous, dans la démarche* » *qui est reprochée aux habitans de Longwi ? Et quelle est la ville,* » *dont les citoyens diront, nous n'eussions pas tenu leur conduite ?* »

Les administrateurs avouent donc ici avoir tenu la conduite qui leur est reprochée. C'en seróit bien assez, sans doute, pour ma justification ; mais une réflexion se présente naturellement : je ne doute pas qu'elle ne soit saisie de tout le monde. Si j'ai trahi les habitans de Longwi, à quoi bon chercher à frapper les esprits des longues horreurs dont ils font une si exacte énumération ? Ont-ils besoin d'appitoyer sur la position où ils se trouvoient, si je suis le seul coupable ? S'ils n'avoient pas exigé eux-mêmes la reddition de la place, les verroit-on peindre avec tant d'art les calamités dont ils prétendent avoir été entourés ? Ils cherchent donc à excuser leurs démarches par la situation pénible où ils se trouvoient ; ou bien, peut-être, veulent-ils, pressés par le besoin de soulager leur conscience, se charger de ma propre défense en avouant leur foiblesse...

J'ai fait tout ce que je pouvois pour servir ma patrie. Sans être né dans la classe des privilégiés, j'avois obtenu un avancement que j'avois mérité par mon zèle : j'avois reçu la décoration

militaire

militaire avant le tems prescrit pour l'obtenir. On sait combien la cour étoit avare de ses faveurs, pour les *gens de mon espèce*. Mon zèle a redoublé quand j'ai vu ma patrie secouer ses fers. J'ai voulu lui aider à les briser. Une atroce calomnie m'en ôte les moyens. Je demande mon élargissement définitif. La déclaration du Jury, rassemblé à Troyes, constate suffisamment mon innocence ; j'en réclame l'exécution. On n'exige pas des militaires des formes rigoureuses, et comme la déclaration n'est pas affirmative, il est de principe de justice qu'elle doit être négative. On m'a dit que la déclaration de ce Jury est arrivée au ministre de la guerre il y a près de deux mois : elle est, dit-on, ainsi conçue : *déclare qu'il ne sait pas s'il y a lieu à accusation, d'après les pièces remises sous ses yeux.*

Or, celui qui sait appliquer un sens aux mots, trouvera dans ceux-ci, qu'au moins le Jury n'a pas vu qu'il y eut contre moi lieu à accusation, autrement il l'auroit prononcé ; la conscience du ministre n'en a pas jugé ainsi ; mais son incertitude a laissé le tems à la calomnie d'aiguiser ses poignards pour me sacrifier, et j'attends, depuis près de deux mois, le parti qu'il auroit dû prendre aussi-tôt après cette déclaration. Sans doute des affaires importantes ont mérité son attention ; mais n'est-il donc pas nécessaire que le peuple François apprenne à connoître ceux qui le servent, et ceux qui le trahissent ; N'est-il donc pas nécessaire que la plus horrible des injustices ne soit pas consommée ? Ne sait-on pas que, dans une république, la tête du plus simple citoyen est précieuse, et que l'on ne doit jamais se jouer de la liberté d'aucun individu, sans courir le risque d'en priver promptement le corps social ?

Le Jury a dû se renfermer dans les bornes de la loi : elle lui prescrivoit de prononcer sur les pièces trouvées sur moi lors de de mon arrestation. Ces pièces ont du lui être présentées, et c'est précisément sur ces pièces qu'il a prononcé *qu'il ne savoit pas s'il y avoit lieu à accusation.* C'est bien dire, en d'autres termes, qu'il ne voyoit pas qu'il y eut lieu. La loi sur la police de sûreté et juré d'accusation, ne prononce pas l'annullation d'une semblable déclaration : elle donne seulement une formule plus précise; mais elle ne rejette pas celle qui séroit également énonciative; quoiqu'en d'autres termes.

Je ne pense pas que l'on doive tenir en captivité le prévenu, dont la conduite auroit été examinée par un Juré, qui n'auroit pas prononcé littéralement la formule adoptée , mais dont l'intention absolutive seroit clairement énoncée. Ces principes sont d'une justice nécessaire ; autrement , la vie du citoyen dépendroit d'une contexture de phrase plutôt que d'une autre, qui présenteroit le même sens.

J'ai fait connoître les principes qui ont guidées toutes mes actions. Je les ai manifesté par-tout. Je les porte au fond de mon cœur : ils sont tous en faveur de l'humanité. Je sais bien que je me suis fait des ennemis , en soutenant ouvertement que l'égalité étoit la seule base de la liberté ; que les priviléges étoient pour les dieux et non pour les hommes. J'emporterai cette opinion au tombeau. Elle est à moi, et si mes ennemis font tomber ma tête , mon âme s'envolera avec ce présent que je dois rendre à l'Eternel, aussi pur que je l'ai reçu.

O ma patrie ! reçois les vœux du plus zélé de tes défenseurs! Repousse avec courage tous les efforts de la tyrannie ; mais conserve , dans tes succès comme dans tes revers, cette générosité, cette grandeur qu'inspire la véritable liberté , et tu seras toujours invincible. Si le sort exige , pour ta félicité, une victime innocente, ma tête se courbe à l'instant ; je l'envelopperai , seulement, pour ignorer la main d'où partira le coup fatal.

L A V E R G U E.

A PARIS, chez la veuve LEJAY, Imprim. de la Régie nation. de l'Enregiſtrement et des Domaines, rue Sainte - Croix, aux Capucins de la chauſſée d'Antin.